ONE EVENING IN OCTOBER
I ROWED OUT ON THE LAKE

*EN KVÄLL I OKTOBER RODDE
JAG UT PÅ SJÖN*

Tua Forsström was born in 1947 in Borgå and and currently lives in Helsinki. A much acclaimed Finland-Swedish poet, she published her first book in 1972, and has won major literary honours in Sweden as well as Finland. She achieved wider recognition with her sixth collection, *Snöleopard* (Snow Leopard, 1987), notably in Sweden and in Britain, where David McDuff's translation (Bloodaxe Books, 1990) received a Poetry Book Society Translation Award. *Marianergraven* (The Mariana Trench, 1990) was followed by *Parkerna* (The Parks, 1992), which won the Swedish Academy's Finland Prize and was nominated for both the major Swedish literary award, the August Prize (rare for a Finland-Swedish writer) and for Finland's major literary award, the Finlandia Prize (now given only for prose). *Efter att ha tillbringat en natt bland hästar* (After Spending a Night Among Horses) appeared in 1997, for which she was awarded the Nordic Council Literature Prize (1998). She won the Swedish Academy's Bellman Prize in 2003.

In 2003 she published her trilogy, *Jag studerade en gång vid en underbar fakultet* (I studied once at a wonderful faculty), whose English translation by David McDuff and Stina Katchadourian was published by Bloodaxe Books in 2006. This combines her three collections *Snow Leopard*, *The Parks* and *After Spending a Night Among Horses* with a new sequence, *Minerals*. She has since published two further collections, *Sånger* (Songs, 2006) and *En kväll i oktober rodde jag ut på sjön* (2012), published in a bilingual edition with David McDuff's English translation as *One Evening in October I Rowed Out on the Lake* (Bloodaxe Books, 2015).

Other awards given to Tua Forsström include the Edith Södergran Prize (1991), Pro-Finlandia Medal (1991), *Göteborgs-Posten*'s poetry prize (1992), Gerard Bonnier poetry prize (1993), Tollander Prize (1998) and Naim Frashëri Award (2012). She has also been nominated for the European Aristeion Prize. Her poetry has been translated into several languages, including Albanian, Danish, Dutch, English, Finnish, French, German, Serbian and Spanish.

David McDuff (*b*. 1945) is a British translator of Nordic and Russian literature. His translations of Finland-Swedish poetry have been published by Bloodaxe for more than thirty years. In 2013 he received the Finnish State Award for Foreign Translators.

TUA FORSSTRÖM

ONE EVENING IN OCTOBER
I ROWED OUT ON THE LAKE

EN KVÄLL I OKTOBER RODDE
JAG UT PÅ SJÖN

TRANSLATED BY
DAVID McDUFF

BLOODAXE BOOKS

Copyright © Tua Forsström 2012, 2015
Translation © David McDuff 2015

ISBN: 978 1 78037 114 6

First published 2015 by
Bloodaxe Books Ltd,
Eastburn,
South Park,
Hexham,
Northumberland NE46 1BS.

First published in Swedish in 2012 by Schildts & Söderströms, Helsinki,
and Albert Bonniers Förlag, Stockholm.

www.bloodaxebooks.com
For further information about Bloodaxe titles
please visit our website or write to
the above address for a catalogue.

Supported using public funding by
**ARTS COUNCIL
ENGLAND**

FILI   This book has been published with the financial assistance of
        FILI – Finnish Literature Exchange.

Cover design: Neil Astley & Pamela Robertson-Pearce.

Printed in Great Britain by Bell & Bain Limited, Glasgow, Scotland, on
acid-free paper sourced from mills with FSC chain of custody certification.

Contents

Mörkret, regnet, vänligheten
En kväll med rosor som dalar till bottnen
långsamt en frusen gata i Mejlans en alldeles vanlig kväll

The darkness, the rain, the kindness
An evening with roses that sink to the bottom
slowly a frozen street in Mejlans a perfectly ordinary evening

Söndra i dess minsta delar de minsta
delarna, vad hittar du?
Mörkret, regnet, vänligheten
Ett fyrverkeri slog ut i sydväst över Granvägen plötsligt med
väldiga blommor som dalade ner och slocknade långsamt
störtade ner i vattnet och slocknade plötsligt en vanlig
kväll med rosor långsamt och smälte i
vattnet störtade ner och föll

Split into their smallest parts the smallest
parts, what do you find?
The darkness, the rain, the kindness
A firework display unfolded in the south-west over Granvägen
        suddenly with
enormous flowers that floated down and went out slowly
plunged down into the water and went out suddenly one ordinary
evening with roses slowly and melted in
the water plunged down and fell

Jag föll genom papperen lagda åt sidan
Jag kom till ett ställe där jag skulle stanna

i fyra nätter men jag stannade fyra år
Nån sade: ni har vållat kommunen betydande utgifter

Jag sade: det här är min situation
En liten modig katt kom till min undsättning

Jag kunde se vad jag ville i mörkret
om natten och ingen såg mig

Det var som en dröm men jag drömde inte
Jag var inte rädd och jag kunde gå genom kalcedon

Jag kunde gå genom kvartskristaller
Jag kunde gå genom sorgsen och sjuk

På bottnen i dyn låg slantar från många länder och glänste
Vi önskar oss vad som helst mellan himmel och jord

Allt vad vi ser och inte kan se och tappade bort
Jag känner inte igen mig och ingen ser mig

Allting händer för första gången och vi blir rädda
I skogsbrynet har någon aggressiv handling inträffat

I fell through the papers laid aside
I came to a place where I was supposed to stay

for four nights but I stayed four years
Someone said: you have caused the council considerable expense

I said: this is my situation
A little brave cat came to my rescue

I could see what I wanted in the dark
at night and no one saw me

It was like a dream but I wasn't dreaming
I was not afraid and I could pass through chalcedony

I could pass through quartz crystals
I could pass through sad and sick

In the mud on the bottom coins from many lands lay gleaming
We wish for anything between heaven and earth

All that we see and cannot see and lost
I do not recognise myself, and no one sees me

Everything happens for the first time and we are frightened
At the forest's edge some aggressive act has taken place

Det luktar ljumt när man slaktar människor och djur
Jag föll genom de tröttsamma omtagningarna

Jag säger att jag har gått en kurs men det hjälper mig inte
Jag menar bara att det är så disparata bilder

» På sätt och vis går det att byta ut oss alla «
Stickor och strån, något med att sakna mått och gränser

Någon kom gående i regnet och sade följ med
och jag släpper inte den handen

There is a lukewarm smell when people and animals are slaughtered
I fell through the tiresome retakes

I say that I have been on a course but it doesn't help me
I simply mean that the pictures are so disparate

'In a way we can all be swapped round'
Sticks and straws, something about lacking dimensions and limits

Someone came walking in the rain and said come with me
and I won't let go of that hand

Du skulle inte förebrå mig
Du skulle inte vända bort ansiktet
Blåser hagel och grus mot ansiktet
Blåser alarnas frömjöl på vattnet

You wouldn't reproach me
You wouldn't turn your face away
Hail and gravel blow in the face
The alders' pollen blows on the water

Det finns fyra slags mörker och vargen
springer på starka tassar genom din dröm

Vi försvagas i den astronomiska gryningen,
pulsen sjunker, vi blir kallblodiga

medan stjärnorna bleknar
och går ner under horisonten

Det finns stjärnor av en sådan
magnitud att vi häpnar

Februarimorgon med blått och moln över
snön och spåret av tassar i rät linje

för att vargarna inte låter sig distraheras
i likhet med oss som leker en stund med förhoppningarna

och glömskan. Den här lägenheten är mycket liten
Varandras spår genom hjärtat snön

There are four kinds of darkness and the wolf
runs on strong paws through your dream

We grow weaker in the astronomical dawn,
the pulse drops, we become cold-blooded

while the stars fade
and set beneath the horizon

There are stars of such
magnitude that we are amazed

February morning with blue and clouds above
the snow and the tracks of paws in a straight line

because the wolves don't let themselves be distracted
like us who play for a while with our hopes

and oblivion. This flat is very small
One another's tracks through the heart the snow

Jag sade att jag har gått en livräddningskurs, att jag
kan hämta upp vuxna och barn och gamla ur vattnet
Det kändes inte bra men så mindes jag att det var sant!
Jag skrev under dokumentet med mitt namn och förband
mig att rädda alla i bassängen. Man tar människan i famn
och lägger henne på kakelgolvet och blåser liv i hennes
kropp, med läpparna mot hennes läppar. Sedan skall man
inte skiljas åt. Jag går ner till stranden, dyker från
bryggan i det svala vattnet och simmar ut diagonalt mot
holmen med den lilla näckrosdammen. Det är längre än
jag kom ihåg men jag har simmat den sträckan förr.

I said that I have been on a lifesaving course, that I
can fetch adults and children and old folk out of the water
It didn't feel good but then I remembered that it was true!
I signed the document with my name and pledged
to save everyone in the pool. One takes the person in one's arms
and puts them on the tiled floor and blows life into their
body, with one's lips against their lips. After that one mustn't
separate. I walk down to the shore, dive off
the jetty into the cool water and swim out diagonally towards
the island with the small lily pond. It's further than
I remembered, but I have swum that stretch before.

Jag talar om för min läkare
att människan har ett automatiskt hjärta

som slår tills en ömtålig sammansättning rubbas
Det blev åska på natten och elavbrott,

men jag önskar att du hade sett det röda
molnet dessförinnan som plötsligt stod där över viken

underifrån belyst av solen som gått ner
när jag körde hem från Ekenäs

och speglingen i vattnet, det brann!
Jag överdriver inte. Ett par minuter senare

var allt som vanligt men förändrat
Fåren går och betar, stannar upp

I tell my doctor
that man has an automatic heart

that beats until a delicate composition is disturbed
There was thunder in the night and power cuts,

but I wish before that you had seen the red
cloud that suddenly stood there over the bay

lit from below by the sun that was setting
as I drove home from Ekenäs

and the reflection in the water, it burned!
I don't exaggerate. A few minutes later

everything was as before but altered
The sheep go grazing, pause

Rodde ut på sjön i det gråa, det blåste
hårt och mörkret föll i långsamma
vågor, vad finns att säga om tidens framfart?
Huset uppe i skogen drev med lysande fönster, liksom
introvert, som om jag inte längre hade tillträde
Vi vill så gärna säga något verkligt och
härmar då en rörelse. En ton
Jag rodde ut för att dränka de där fiskarna, du vet,
som jag av girighet hade tiggt åt mig på torget.
Vi tror att vi blir lugnare, men det är kaos som tilltar.
Inte vara rädd. Inte vara onödigt rädd.
Vi måste underteckna ett särskilt dokument, vi
måste under den oläsliga texten skriva våra namn.
Lämnar inget i övrigt att önska.
Lämnar allting i övrigt att önska.
Ligga på det öppna fältet under tunn och
blåsande tältduk tills en varg tar oss
kärleksfullt i famn och sträcker fram
oss i nattluften, små dockor som blundar
Vi har fått lära oss att stryka varje onödigt ord,
men det är inte enkelt att veta alltid vad
som är nödvändigt och septemberdagen
står stilla och lysande mot fönstret, ögonen
tåras lätt

Rowed out on the lake in the greyness, it was blowing
hard and the darkness fell in slow
waves, what is there to say about time's ravages?
The house up in the woods mocked with bright windows, somehow
introvert, as if I no longer had access
We want so badly to say something real and
then we imitate a movement, a tone
I rowed out to drown those fish, you know,
the ones I had begged out of greed at the market.
We think we'll grow calmer, but it is chaos that grows.
Don't be afraid. Don't be unduly afraid.
We must sign a special document,
we must write our names below the illegible text.
There is nothing left to be desired.
There is everything left to be desired.
Lie on the open field under thin and
blowing canvas until a wolf takes us
lovingly in its arms and holds us out
in the night air, little dolls with closed eyes
We have learned to delete each unnecessary word,
but it is not simple to know always what
is necessary and the September day
stands still and radiant against the window, the eyes
easily fill with tears

En morgon med nyheterna
och väderrapporten för det sydvästra kustområdet
Måste man lägga ner det   Lämna tillbaka

Mörka färg

A morning with the news
and the weather forecast for the south-west coastal area
Must one put it down   Return it

Dark colour

(Houdini i Karis)

Jag gick till källaren på eftermiddagen den
nittonde augusti och tillverkade en matta av
galvaniserad tretumsspik och isgröna skärvor av
buteljer som jag hade slängt mot stenfoten.
Publiken brusar när jag sträcker ut på mattan långsamt
min underbara rygg.
Jag kan bryta mig ur alla pansarkistor som någonsin funnits.
Jag går med lätta steg i mina stjärnbeströdda tofflor.
Alla frågar om min ålder och att såren inte blöder.
Jag ger inga intervjuer och tänker om morgonen
och kvällen när jag somnar på ett enda. Att man går
fram till någon och menar något. Att man stannar kvar.
Jag ville förändra mitt liv! Det händer att jag tror
mig skymta en älskad gestalt på busshållplatsen,
som en rörelse bara, det var ofta någon annan i en
mörkblå jacka och vi försvinner ändå i glittret.

(Houdini in Karis)

I went to the basement on the afternoon of the
nineteenth of August and made a carpet from
galvanised three-inch nails and ice-green shards of
bottles I had thrown on the stone floor.
The audience roars when on the carpet I slowly stretch out
my wonderful back.
I can break out of all the strongboxes there have ever been.
I walk with light steps in my star-strewn slippers.
Everyone asks about my age and that the wounds don't bleed.
I give no interviews and think in the morning
and the evening when I fall asleep about one thing. That one goes
up to someone and means something. That one will stay.
I wanted to change my life! Sometimes I think
I glimpse a beloved figure at the bus stop,
like a movement only, there was often someone else in a
dark blue jacket and yet we vanish in the glitter.

Vi skyndar ut när larmet går,
står i upphetsade grupper med
kappan över nattlinnet och tjattrar.» Något
inträffar och vi balanserar på en trasig planka
i öppen sjö, vi vet inte varifrån vi kom eller vart
vi är på väg«, skrev Albert Einstein
vid sextio års ålder. Röken vädras ut, brandmännen
ger sig av. Vi får återvända till våra rum.
Jag stänger fönstret: friskt, fullmåne över snön.
Den klara natten. Ett grönskimrande ljus över
Stockholm, som om vi var inne i isen.

We hurry out when the alarm goes off,
stand in excited groups with
coats over nightgowns and chatter. 'When
the expected course of everyday life is interrupted,
we are like shipwrecked people on a miserable plank
in the open sea, having forgotten where they came from
and not knowing whither they are drifting,' wrote Albert Einstein
at the age of sixty. The smoke is ventilated, the firemen
leave. We can go back to our rooms.
I close the window: fresh, full moon over the snow.
The clear night. A green-shimmering light above
Stockholm, as if we were inside the ice.

Det är svårt att bedöma skadornas omfattning
Jag skall komma tillbaka till dig och rapportera
En kväll i oktober rodde jag ut på sjön
Det blåste hårt och den lilla glasfiberbåten som jag hade
lånat av Lasse drev med vågorna hastigt utåt mot holmarna
Jag skulle bara dränka de där fiskarna
Jag saknar dig så mycket
Allt var lätt som ett skal
Det mörknade och jag var inte fäst vid något

It is hard to assess the extent of the damage
I will get back to you and report
One evening in October I rowed out on the lake
It was blowing hard and the little fibreglass boat that I had
borrowed from Lasse drifted with the waves quickly towards
        the islands
I was just going to drown those fish
I miss you so much
Everything was light as a husk
It was getting dark and I was not attached to anything

Nästa kapitel heter: att glömma
Blåser mot ansiktet snö
Blåser iväg över vattnet fjädrar och skräp
Slits och går sönder snöar på vattnet smälter
vatten i vatten regnar tårar rinner längs
kinderna vatten längs halsen   Insomnia
glitterstorm hysteri

The next chapter is called: forgetting
Blows snow in the face
Blows away over the water feathers and rubbish
Wears out and splits apart snows on the water melts
water in water rain tears trickle along
the cheeks water along the neck   Insomnia
glitter-storm hysteria

(Carmen sjunger en sång om kärlek:
älskar du mig inte längre)

Vi anlände strax efter klockan fem
och orienterade oss en smula
Saknaden efter barn och barnbarn blev lättare
Vi tog en lång och uppfriskande promenad

Mantegna skrev under sin sista målning:
»Intet annat än Gud består, allt annat är rök...«
Vi ska tillbringa helgen med några vänner
Jag ser fram emot det

Vi vaknade till ett tyst och underskönt landskap
med vatten och granar utan vind!
Annars var det nästan som jag föreställt mig
Jag vill tacka min underbara pojkvän

Maten är god och hälsosam
Så din kärlek är slut? sjunger
Carmen i sin blodröda klänning
Ni tänker säkert på mig

och undrar hur jag har det
Dagarna går hur lätt som helst
Jag skickar hellre mina frågor skriftligt
Hoppas ändå komma tillbaka

(Carmen sings a song about love:
do you love me no more)

We arrived just after five o'clock
and got our bearings a little
The loss of children and grandchildren became easier
We took a long and refreshing walk

Mantegna wrote below his last painting:
'Nothing but God endures, the rest is smoke...'
We will spend the weekend with some friends
I am looking forward to it

We woke up to a silent and gorgeous landscape
with water and spruce trees and no wind!
Otherwise, it was almost as I had imagined
I want to thank my wonderful boyfriend

The food is good and healthy
So your love is at an end? sings
Carmen in her blood-red dress
You are probably thinking about me

and wondering how I am
The days go by as easily as anything
I would rather send my questions in writing
Am still hoping to come back

Det lönar sig inte att gråta så mycket
Snart har du glömt vad det handlade om
Ingen lyfter längre upp oss i sin famn och viskar »titta«,
 pekar på lampan som lyser och fåren på ängen mot sjön
Jag är ovan vid att vara så lycklig
Fåren går och betar som milda stjärnor
Fåren liknar fårens stjärnbild
Den lilla klockan ringer ännu genom blåsten
Det finns drömmar som varnar och tröstar oss,
städerna som blinkande kartor djupt under vingen,
en plötslig destination utan namn.

It's not worth crying so much
Soon you will have forgotten what it was about
No one lifts us up in their arms any more and whispers 'look',
    points to the lamp that shines and the sheep in the meadow
            on the lake
I am not used to being so happy
The sheep go grazing like gentle stars
The sheep look like the constellation of sheep
The little bell still rings through the gale
There are dreams that warn and comfort us,
the cities like twinkling maps deep below the wing,
a sudden destination with no name.

Jag skriver till mina läkare
att jag såg Gleaming Lights of the Souls

på Louisiana konstmuseum, och att jag inte kan
glömma känslan av tyngdlöshet, transparens i rymden,

förnimmelsen av att verkligen sväva, återspeglingarna
återspeglade av återspeglingar

Någon tog min hand och förband de ensamma delarna
ögon läppar hjärtat strömmande genom allt

och jag tänkte på att vi är gjorda av vatten, längtan
och stoftpartiklarna i vinden som blåser

svalka mot vårt ansikte om kvällen
Molnskuggor far över vattnet på vägen hem,

flygplanets lilla skugga och havsdjupets gröna variationer
Sopranen sjunger:»Ich sah dich als Kind«

Jag stod på golvet med min kasse i handen
och såg att alla de lysande punkterna var vi

och återspeglingarna av varandra
Jag måste gå, människor av många

nationaliteter väntade utanför det lilla mörka
rummet i Louisiana konstmuseum

I write to my doctors
that I saw Gleaming Lights of the Souls

at Louisiana Art Museum, and that I can't
forget the feeling of weightlessness, transparency in space,

the sense of really floating, the reflections
reflected by reflections

Someone took my hand and connected the lonely parts
eyes lips the heart flowing through everything

and I thought about that we are made of water, longing
and the dust particles in the wind that blows

coolness in our faces in the evening
Cloud shadows move across the water on the way home,

the aeroplane's small shadow and the seabed's green variations
The soprano sings: 'Ich sah dich als Kind'

I stood on the floor with my bag in hand
and saw that all those shining points were us

and the reflections of one another
I had to leave, people of many

nationalities were waiting outside that small dark
room in Louisiana Art Museum

(Flicka i gula stövlar)

Det snöade för första gången
den sextonde december i Brunakärr,
väldiga milda flingor som smalt på fläcken.
Flickan i gula stövlar sprang längs vägkanten
och backade försiktigt i sina blöta spår.
Det finns kanske platser inom oss där vi inte har varit?
Hon mumlade för sig själv, hon såg så lycklig
och koncentrerad ut. Vi dras till allt som
besitter en hemlighet, jag skall berätta
för dig när vi ses. Faller den milda belysningen

(Girl in Yellow Boots)

It snowed for the first time
on the sixteenth of December in Brunakärr,
  enormous gentle flakes that melted on the spot.
The girl in yellow boots ran along the roadside
  and carefully retraced her wet footprints.
Perhaps there are places within us where we haven't been?
She mumbled to herself, she looked so happy
  and concentrated. We are drawn to everything that
possesses a secret, I will tell you
  when we meet. The gentle lighting falls

Titta, bassängen är blå och vattnet är blått
Vi visar våra småbarnsbilder i mobilen för alla
Man kan kliva på tians spårvagn och fara med unge i kärra
 tvärs genom stan, det kostar inget
The Ink Spots sjunger att månen tillhör alla. Och stjärnorna,
 det tysta gnistrande valvet över oss om natten!
Vi minns att vi drömde om stationer som vi kände igen
 när vi kom fram
Vi återgår till våra tillgivna vanor
Hoppas det fortsätter snöa, att det yr över Mannerheimvägen
 och alla barnen och skogens djur

Look, the pool is blue and the water is blue
On mobiles we show our toddler photos to everyone
One can get on the No. 10 tram and go right across town
  with one's kid in a pushchair, it doesn't cost anything
The Ink Spots sing that the moon belongs to everyone. And
        the stars,
  that silent twinkling vault above us at night!
We remember that we dreamed of stations we recognised
  when we got there
We return to our devoted habits
Hope it goes on snowing, that it whirls over Mannerheimvägen
  and all the children and the creatures of the forest

Men varför är du ledsen
När jag sover vet jag varför
jag är ledsen

But why are you sad
When I sleep I know why
I am sad

Molnen gråten och dimman Vanessa
Rinner vatten längs kinderna halsen
Gråter tills gråten slutar att gråta
Mycket vatten och fiskarna simmar
Mycket drömmar och fiskarna simmar
Fiskarnas mamma och pappa är borta
Vatten och molnen och inget land
Fiskarna leker med andra fiskar
Fiskarna vill vara glada och simma
Sjön är bara en liten sjö
Fiskarna fryser när vattnet fryser
Blåser på vattnet och fiskarna simmar
Fiskarna simmar och vattnet blåser

The clouds the crying and fog Vanessa
Water trickles down cheeks and throat
Crying until the crying stops crying
Plenty of water and fishes swimming
Plenty of dreams and fishes swimming
The fishes' mama and papa are gone
Water and clouds and nowhere land
The fishes play with other fishes
The fishes want to be happy and swim
The lake is only a little lake
The fishes freeze when the water freezes
Blowing on water and fishes swimming
Fishes swimming and water blowing

Efter stormen avtog snöfallet
  och ingav en känsla av rymd och yrsel,
flingorna steg och sjönk som lyfta av
  underströmmar, stod liksom stilla
och blåste iväg

Vi stannar upp i gathörnen
För en stund verkar alla utsikter hänförande
För en stund verkar alla människor lika värda
Och dödsfabrikerna med de kloka och vänliga
  grisarna, korna och hönsen syns knappast mer, violetta
    ögonvitor, trasor av underbart tyg

After the storm the falling snow subsided
  instilling a sense of space and giddiness,
the flakes rose and fell as if lifted by
  undercurrents, stood almost still
and blew away

We pause on street corners
For a while all views seem ravishing
For a while all people seem of equal value
And the death factories with the wise and kindly
pigs, cows and chickens are scarcely visible now, violet
  whites of eyes, rags of wonderful fabric

Om snöns inverkan kan också sägas
att det blev livligt och ljust
Man vill vara utomhus hela tiden, ge sig av
utan att fråga någon till råds
Vanessa får ett deltagarbevis av konduktören
Konduktören stämplar hennes deltagarbevis
Kindness, sjunger kören, generosity
Kören sjunger: solidarity
Och vattnet blänker och allting blänker och
händer för första gången igen

Of the snow's effect it can also be said
that it was lively and bright
One wants to be outdoors all the time, set off
without asking anyone for advice
Vanessa gets a children's ticket from the conductor
The conductor stamps her children's ticket
Kindness, the choir sings, generosity
The choir sings: solidarity
And the water glitters and everything glitters and
happens for the first time again

De utvecklingsstörda tycker att de är privilegierade
De skriver att de har ett hem, och att de inte måste gå
   hungriga
Vi tycker om våra djur, skriver de, och vårt arbete och personalen
Våra födelsedagar med många färgers glans och att vi ska ta vara
   på kärleken
Vid sidan av ringvägen går en stig med hasselsnår och insekter
Vi kan köpa allt vad vi önskar oss, skriver de
Under ansiktet ett så ljust ansikte att man inte kan se
En stum prinsessa tar dig i handen
Liljor flätade i hennes hår och spänne av pärlemor, mörknande
   krysantemer

The intellectually disabled think they are privileged
They write that they have a home, and they do not have to go
    hungry
We like our animals, they write, and our jobs and the staff
Our birthdays with many colours' gloss and that we must cherish
    love
At the side of the ring road is a path with hazel thickets and
    insects
We can buy whatever we want, they write
Under the face a face so bright that one cannot see
A mute princess takes you by the hand
Lilies braided in her hair and buckle of nacre, darkening
    chrysanthemums

(mamma)

Nästa kapitel heter: vi skall inte
lämna varandra
Jag rodde ut för att dränka de där fiskresterna
   som jag hade tiggt åt mig på torget med tanke på
komposten och som upptagit min frysbox
sedan dess. Inte ens yxan bet på dem.
Jag var utanför ljuskretsen och det blåste
Den lilla båten drev som ett skal
Snart snöar det på vattnet, snön smälter
   i vattnet, snart snöar det på holmarna och jag
minns hur det var att komma hem, någon
   hade tagit hand om allt under tiden.

(mother)

The next chapter is called: we must not
leave one another
I rowed out to drown those fish leftovers
  I had begged at the market with a view to the
compost and that had taken all the space in my freezer
ever since. Not even the axe would dent them.
I was outside the circle of light and it was blowing
The little boat drifted like a husk
Soon it snows on the water, the snow melts
  in the water, soon it snows on the islands and I
remember what it was like to come home, someone
  had taken care of everything in the meantime.

De döda talar vänligt till oss
men vi blir skrämda, blandar

ihop saker och ting
Det finns ett mörkt material

De döda bryr sig inte om det
Vi anvisar dem en lägenhet med

fönster mot gården men de kommer och går
Sover inte om natten, använder

inte mediciner, svettas inte
Köper inte dyra kläder

Jag frågar efter min mamma och pappa
Vid Mjölbolsta kör jag in i åskvädret, regnet

övergår i hagel, det är alldeles vitt
Jag tar till vägkanten vid gamla uppfarten till

sanatoriet med den tunga kedjan över vägen
En polisbil saktar in, och fortsätter

Vi vill inte svika vår barndom
Jag säger till mina föräldrar att de inte

The dead speak kindly to us
but we are frightened, get

things mixed up
There is a dark material

The dead don't care about it
We give them an apartment with

windows facing the courtyard but they come and go
They don't sleep at night, don't

use medications, don't sweat
Don't buy expensive clothes

I ask after my mother and father
At Mjölbolsta I run into the thunderstorm, the rain

turns to hail, it's completely white
I pull in to the side of the road at the old driveway to

the sanatorium with the heavy chain across the road
A police car brakes, and continues

We don't want to let our childhood down
I tell my parents that they mustn't

skall oroa sig, maskrosorna har blommat ut
och snart är reparationsarbetena slutförda

Jag frågar om det mörka materialet
Jag frågar om de längtar hem

De vänder sina ansikten mot mig,
verkar intresserade

Verkar tunna och förfärligt starka
Det är en densitet som jag inte förstår

De förundras kanske när
vi skrattar och gråter olycksaligt

Det smattrar vildsint mot plåten, små
runda hagel studsar upp och ner,

består av lager på lager av is
De döda leker kanske inte, sprattlar

och förflyktigas
Jag ber dem hjälpa, förklarar

att universitetet skall läggas ner
och det blir vinter, de verkar inte förstå

worry, the dandelions have finished flowering
and soon the repair work will be over

I ask about the dark material
I ask if they are homesick

They turn their faces towards me,
seem interested

Seem thin and terribly strong
It's a density I don't understand

Perhaps they wonder about us
as we laugh and cry unhappily

There's a wild pattering on the sheet metal, small
round hailstones bounce up and down,

consist of layer upon layer of ice
Perhaps the dead don't play, they flounder

and volatilise
I ask them to help, explain

that the university will be closed
and winter is coming, they don't seem to understand

Men jag talade ju bara för att det inte
  skulle vara så tyst!
Bilder och saker och ytor och hängivenheten går sönder, blåser
  iväg som glitter och damm
Vi tror att i morgon skall vara som idag: att ingen
  kommer till skada
Jag är hungrig och drömmer att jag är hungrig
Jag drömmer att jag är hungrig och vaknar hungrig
Vi förefaller kanske lugnare när vi blir gamla
  men det är kaos som tilltar, vi glömmer

Det är ljust om dagen, Vanessa. Det är mörkt om natten men
  många olyckor inträffar om dagen när det är ljust.

But I was only talking so that it
   wouldn't be so quiet!
Pictures and things and surfaces and the devotion fall apart, blow
   away like glitter and dust
We think that tomorrow will be like today: that no one
   will come to harm
I am hungry and dream that I'm hungry
I dream that I'm hungry and wake up hungry
We may perhaps seem calmer when we grow old
   but it is chaos that grows, we forget

It is light by day, Vanessa. It is dark at night but
   many accidents occur by day when it is light.

(pappa)

Du skulle inte förebrå mig
Du skulle se på mig genom duggregnet
Du skulle inte vända ditt ansikte bort
Blåser skal lätt över vattnet
Faller den milda belysningen över oss
alla och hararna

(father)

You wouldn't reproach me
You would look at me through the drizzle
You wouldn't turn your face away
Husks blow weightless over the water
The gentle lighting falls over us
all and the hares

Nästa kapitel heter: att skiljas åt
Små rörande fiskar med randiga ryggar vid bryggan,
   verkar genomskinliga i vattnet
De fryser till is om vattnet fryser till is
När jag var liten ville jag ta vara på de vackra
   bilderna: klippa ut, klistra in, skriva av
Man vet inte om varandra, man kan inte
   hålla reda på allt

The next chapter is called: separating
Small touching fish with striped backs by the jetty,
  look translucent in the water
They freeze to ice if the water freezes to ice
When I was little I wanted to cherish the pretty
  pictures: cut out, paste in, copy over
We don't know about one another, one can't
  keep track of everything

En liten flicka spelar sin läxa, mumlar
noternas namn, trycker ner tangenterna
med korta fingrar. Det går. Hon spelar C-durskalan
och Blinka lilla stjärna med höger hand,
nynnar. Det är svårt och enkelt. Hon övar
alla dagar och sommaren går, hon spelar Sergej
Rachmaninovs pianokonsert nummer 3 i d-moll
för att hennes lärare skall komma tillbaka.
Slå sig ner invid henne på bänken, berätta
om fingersättning och vad musiken gör med oss:
en vind som blåser, ren rå längtan.

A little girl plays her homework, murmurs
the notes' names, presses the keys down
with short fingers. It works. She plays the C major scale
and Twinkle Twinkle Little Star with her right hand,
hums. It is hard and easy. She practises
every day and the summer goes, she plays Sergei
Rachmaninov's Piano Concerto No 3 in D minor
so that her teacher will come back.
Sit down beside her on the stool, talk
about fingering and what music does to us:
a wind that blows, pure raw longing.

(Till en hare om natten med mörker jämnt
fördelat utan stjärnor, himlen skymd av moln.
    Risto Suomi: *Yömatka / Nattlig färd*)

Det finns bilder som gör det möjligt att se vad vi
    inte kan se
Det finns stjärnor som inte syns och någon annanstans
    blått och svanar
Jägarna jagar och bär gevär på axeln i skogarna
Haren reser om natten. I någons dröm
Det finns stjärnkopplingar, flerfassystem
Haren tillhör en annan krets som vi tillhör alla
Sökord: skogshare, förekommer rikligt, obegränsad
    avskjutning
Men harens hjärta är starkt och rent
Haren känner främmande länder och folk
Haren har räknat de skadade
Haren känner den som är hungrig och har inget hem
Haren besöker den som har kastats i fängelse
Haren är inte sentimental men haren gråter
Vi blir gamla, förvirras
»Jag brann i onödan, för onödiga saker«
Det är tyst när man reser om natten, regnet
    prasslar mot mörka blad

(To a hare at night with darkness evenly
distributed without stars, the sky hidden by clouds.

    Risto Suomi: *Yömatka / Night journey*)

There are pictures that make it possible to see what
  we cannot see
There are stars that are not visible and somewhere else
  blue and swans
The hunters hunt and carry guns on their shoulders in the forests
The hare travels at night. In someone's dream
There are star-couplers, multiphase systems
The hare belongs to another circle that we all belong to
Search-words: forest hare, found in abundance, no restrictions
  on shooting
But the hare's heart is strong and pure
The hare knows foreign lands and peoples
The hare has counted the injured
The hare knows who are hungry and have no home
The hare visits those who were thrown in jail
The hare is not sentimental, but the hare cries
We grow old, confused
'I burned unnecessarily, for unnecessary things'
It is quiet when one travels at night, the rain
  rustles against dark leaves

Vi känner tacksamhet när de vilda djuren kommer nära
utan att notera oss
Det finns bilder som gör det möjligt att se det andra,
jag vet inte i vems dröm du befinner dig i det jämnt fördelade
mörkret och det regnar rosor över alla djur

We feel gratitude when the wild creatures come near
  without caring about us
There are pictures that make it possible to see the other,
I do not know in whose dream you are in the evenly distributed
  darkness and it is raining roses over all creatures

Med sorgen är det så att man trodde att
det brinner men det börjar regna. Riset ryker
håglöst en stund, det är alldeles för glest eller tätt
och kvar på åkern står en mörk installation spretande
mot himlen. Röken från de klara kvällarna i april har
fastnat i jackan i tamburen. Långt från stadens ljus
Så många år har gått, men flagor lösgörs vid minsta fläkt
och blåser ut över sjön och upp mot huset där jag bodde
med mina föräldrar och min bror, i vår familj.

The thing with sorrow is that one thought there
was a fire but it starts to rain. The brushwood smokes
listlessly for a while, it is far too sparse or dense
and on the field remains a dark installation sprawling
to the sky. The smoke from the clear evenings in April has
stuck in the jacket in the hall. Far from the city's lights
So many years have passed, but flakes detach at the slightest breath
and blow out across the lake and up towards the house where I
         lived
with my parents and my brother, in our family.

Nästa kapitel heter: innan vi glömmer
Nästa kapitel heter: mörkret
regnet vänligheten
Det är redan oktober och blåser hårt
Jag måste köra hem ved
Jag måste vrida om nyckeln i låset
Och så hör jag igen den där rösten,
hemlighetsfull och klar
Du är ju gammal nu lilla barn
var inte rädd lilla hare

The next chapter is called: before we forget
The next chapter is called: the darkness
the rain the kindness
It is already October and blowing hard
I must drive firewood home
I must turn the key in the lock
And then I hear again that voice,
mysterious and clear
You are old now little child
don't be afraid little hare

Notes

31: *That one goes up to someone and means something.* Freely after Ludwig Wittgenstein: *Philosophical Investigations.*

43: *Gleaming Lights of the Souls,* installation by Yayoi Kusama 2008, Louisiana Museum of Modern Art, Denmark.